Mein neues Android Smartphone

von Peter Schnoor

Mein neues Android Smartphone

Sie haben sich ein neues Smartphone zugelegt? Herzlichen Glückwunsch.

Und jetzt? Anstatt einer Bedienungsanleitung liegt den heutigen Smartphones nur eine Übersicht der am Gehäuse sichtbaren Taster bei. Dafür aber in mehreren Sprachen. Sie möchten aber nicht Ihre Sprachkenntnisse auffrischen, sondern Ihr Smartphone möglichst unkompliziert in Betrieb setzen? Dann sind Sie hier genau richtig.

Neben der Inbetriebnahme Ihres neuen Smartphones lernen Sie zusätzlich eine Menge Grundbegriffe kennen, die Ihnen später das Verständnis der einzelnen Funktionen erleichtert.

Inhaltsverzeichnis

Ein paar Grunbegriffe vorweg

Bevor wir loslegen, sollten Sie ein paar grundlegende Begriffe kennenlernen, die im Buch immer wieder auftauchen:

Android

Kommt von dem Begriff „Androide" (menschenähnlicher Roboter). Bei Ihrem Smartphone handelt es sich um das Betriebssystem. Das Betriebssystem ist nötig, damit Ihr Smartphone funktioniert. Es wurde von Google entwickelt.

Betriebssysteme werden immer weiterentwickelt und verbessert. Hier ein kleiner Überblick der aktuellen Versionen:

Marshmallow (6)

Nougat (7)

Oero (8)

APP

App ist die Abkürzung für „Applikation", also ein „Anwendungsprogramm". Es handelt sich dabei um Programme, die auf Ihrem Smartphone laufen. Hierbei kann es sich zum Beispiel um Kalender, Kontakte, Textverarbeitung, Kalkulation handeln.

Für das Betriebssystem „Android" gibt es mehr als 3,5 Millionen Apps. Diese sind zum Teil kostenlos. Viele Anwendungen sind bereits auf Ihrem Smartphone

4

installiert, weitere Anwendungen können Sie downloaden.

Benachrichtigungszeile

Diese befindet sich am oberen Rand des Bildschirms. Unterschiedliche Symbole geben Auskunft über den Akkustand etc.

Benutzeroberfläche

Dient zur Bedienung Ihres Smartphones. Das Aussehen und die Ausstattung unterscheiden sich nach Geräteherstellern. Allen gemeinsam sind die berührungsempfindlichen Oberflächen.

Chrome

Chrome ist ein Webbrowser des Unternehmens Google. Mit dieser App haben Sie die Möglichkeit, Intenetseiten zu betrachten.

Google Play

Hier finden Sie Apps, Musik, Hörbücher, Filme und digitale Zeitschriften.

Google Konto

Dabei handelt es sich um ein Benutzerkonto für von Google angebotene Dienste. Diese sind meistens kostenlos, Sie können allerdings auch kostenpflichtige Dienste buchen.

GPS

Die Abkürzung steht für „Globales Positionsbestimmung System". Dabei handelt es sich um eine satellitengestützte Ortung. Dieser Dienst ist kostenlos und dient unter Anderem zur Standortbestimmung und zur Routenplanung.

Internet Zugang

Den Internetzugang erreichen Sie, wenn verfügbar, über das WLAN (Wireless Local Area Network), zum Teil auch WiFi genannt. Wenn kein WLAN zur Verfügung steht, haben Sie die Möglichkeit, über die Mobilfunkverbindung ins Internet zu kommen. Das wird ohne Flatrate aber teuer, da hohe Minutenpreise anfallen.

Konfiguration

Dient zur Anpassung Ihres Smartphones. Es ist über die Einstellungen erreichbar. Die Darstellung ist meistens ein Zahnrad. Das Menü für die Einstellungen ist von Gerät zu Gerät etwas unterschiedlich.

microUSB

Der Anschluss für Ihr Ladekabel, aber auch für eine Maus, eine Tastatur oder einen USB Stick.

SMS

Mitteilungsdienst für Kurznachrichten (Short Message Service).

SIM Karte

Mit der SIM Karte wird Ihr Smartphone einem Mobilfunknetz und einem Gerätebenutzer zugeordnet. Bietet zusätzlich Speicherplatz für Telefonnummern. Je nach Größe unterscheiden sich Mini, Micro und Nano SIM.

Sperrbildschirm

Dieser erscheint nach dem Einschalten Ihres Smartphones.

Virtuelle Tastatur

Diese Tastatur wird zur Eingabe von Zahlen, Buchstaben oder Sonderzeichen benötigt. Sie öffnet sich automatisch, wenn Sie in ein leeres Textfeld klicken.

Widget

Von Windows (Fenster) und Gadget (Zubehörgerät). Dabei handelt es sich um auf der Oberfäche angezeigte Symbole, mit denen eine Anwendung gestartet wird. Das sind zum Beispiel Minianwendung wie Wetter und Uhr. Widgets stellen dabei meist einen Teil einer Anwendung (App) dar, der zur Anzeige wichtiger Informationen dient oder den schnellen Start von Funktionen der App ermöglicht.

Die erste Inbetriebnahme

Nachdem Sie Ihr neues Smartphone ausgepackt haben, überprüfen Sie die Komponenten zunächst auf Vollständigkeit. Neben dem Telefon sollte sich ein Ladegerät und idealerweise auch eine SIM Karte befinden. Ohne diese können Sie nicht telefonieren.

Als Erstes müssen Sie die SIM-Karte in Ihr Gerät einlegen. SIM ist eine Abkürzung aus dem englischen und steht für „Subscriber Identity Module", also zu Deutsch: „Teilnehmer-Identitätsmodul". Dabei handelt es sich um eine Chipkarte, die zu Ihrer Identifikation im Netz dient. Diese ist mit einem PIN geschützt, die Ihnen Ihr Netzbetreiber hoffentlich mitgeteilt hat.

Es gibt unterschiedliche Größen, gebräuchlich ist eine Nano-Chipkarte.

Die SIM-Karte wird oftmals im großen ID-1-Format (85,6 mm × 54 mm) ausgeliefert. Der kleinere ID-000-Teil (25 mm × 15 mm) kann herausgebrochen werden. Viele Geräte benutzen die noch kleinere Micro-SIM Karte. In neueren Geräten wird bereits das kleinste Format, die Nano-SIM verbaut.

Abbildung 1: Beispiel einer SIM-Karte. Vorgestanzt sind Mini-SIM, Micro-SIM und Nano-SIM.

Künftig soll es auch Geräte mit „embeddedSIM (eSIM)" geben. Diese Karte ist kleiner als SIM-Karten, wird direkt im Gerät verbaut und ist nicht auswechselbar.

Im Lieferumfang ist meistens eine Nadel für den SIM-Kartenauswurf vorhanden. Wenn nicht, hilft auch eine gebogene Büroklammer weiter. Das Kartenfach finden Sie auf einer Seite Ihres Smartphones.

Achten Sie darauf, dass Ihr Smartphone beim Einlegen der SIM-Karte ausgeschaltet ist.

Führen Sie die Nadel für den SIM-Kartenauswurf in das kleine Loch neben dem Kartenfach ein. Dann kommt das Kartenfach heraus. Legen Sie hier vorsichtig Ihre SIM-Karte ein (nicht verkanten). Schließen Sie dann das Fach wieder.

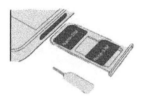

Abbildung 2: Beispiel Einschubfach Simkarte (hier Huawei P10 Lite)

Bevor Sie den Einschaltknopf an Ihrem Smartphone suchen, sollten Sie es erst einmal komplett aufladen. Neben dem Smartphone haben Sie ein Netzteil mit einem Kabel bekommen.

Schließen Sie Ihr Gerät mit dem werkseitig mitgelieferten Ladegerät und USB-Kabel an eine Steckdose an. Verbinden Sie den kleinen Anschluss des Kabels mit dem Smartphone. Sie finden ober oder unten an Ihrem Smartphone eine entsprechende Buchse:

Wenn Sie keinen Zugriff auf ein Ladegerät haben, können Sie Ihr Gerät aufladen, indem Sie es mit einem USB-Kabel an Ihren PC anschließen.

USB = Universal Serial Bus dient zur Verbindung eines Computers mit einem externen Gerät.

Der Ladezustand wird in der oberen Statusleiste Ihres Smartphones angezeigt. Sobald diese Anzeige auf die Farbe Grün wechselt, ist Ihr Akkus geladen.

Das Einschalten Ihres Smartphones

Meistens befindet sich der Einschalter für Ihr Smartphone auf der rechten Seite. Wo er bei Ihrem Gerät genau sitzt, entnehmen Sie der Bedienungsanleitung.

Halten Sie den Einschaltknopf ein paar Sekunden gedrückt. Ihr Smartphone schaltet sich ein und fragt Sie nach Ihrer PIN-Nummer. Nachdem Sie diese eingetippt haben, folgen Sie den Anweisungen zur ersten Einrichtung auf dem Bildschirm. Sie müssen die angezeigten Richtlinien akzeptieren und dazu jeweils die Schaltfläche „Zustimmen" berühren.

Je nach Anbieter unterscheiden sich die Oberfläche und die installierten Apps. Auf alle Fälle sollten Sie eine App zum Telefonieren haben. Durch das Berühren dieser App werden die Möglichkeiten zum Telefonieren eingeblendet und Sie können Ihr erstes Telefonat tätigen.

Smartphone ohne SIM-Karte einrichten

Wenn Sie Ihr Smartphone ohne SIM-Karte bekommen haben, können Sie es trotzdem teilweise einrichten. Schalten Sie das Gerät ein und folgen Sie dem Dialog. Tippen Sie bei den Punkten „SIM-Karte einlegen" auf „Überspringen". So haben Sie die Möglichkeit, zuerst einige Einstellungen vorzunehmen, bevor das Gerät Ihre IMEI oder Mobilfunknummer versendet. Die Telefondienste funktionieren dann nicht. Aber mit einer WLAN Verbindung können Sie dann zum Beispiel im Internet surfen. Die Einstellung über die SIM-Karte holen Sie dann nach, sobald diese gekommen ist.

Der Startbildschirm

Abb. 1 Der Startbildschirm

Der Startbildschirm besteht aus einer Statusleiste und einem Anzeigebereich.

Die Statusleiste wird auch Benachrichtigungsleiste genannt und befindet sich in dem obersten Bereich des Bildschirms. Hier werden wichtige Informationen dargestellt. Standardmäßig sehen Sie die Benachrichtigungen Ihres Dienstanbieters, die

Abb. 2 : Die Statusleiste

Signalstärke für Telefonie und WLAN sowie den Akkustand Ihres Smartphones.

Die Anzeige variiert je nach Dienstanbieter. Sie können weitere
Informationen hinzufügen oder entfernen. Streichen Sie
dazu von Statusleiste aus nach unten. Jetzt werden alle
aktivierten Menüpunkte in der Statusleiste angezeigt. Durch
das Berühren der Symbole fügen Sie Informationen hinzu.

Durch das Berühren aktivierter Symbole werden diese aus der
Statusleiste gelöscht.

*Abb. 3 Einstellungen der
Statusleiste*

Durch das Berühren des Zahnradsymbols auf der Oberfläche
werden die Einstellungen für Ihr Gerät aktiviert. Hier finden
Sie einen Eintrag, der sinngemäß „Benachrichtigungs- und
Statusleiste" lautet. Durch das Berühren dieses Menüpunkts
gelangen Sie zu den weiteren Einstellungen. Hier können

14

Sie, abhängig von Ihrem Gerät, festlegen, was in Ihrer Statusleiste dargestellt werden soll. Mit dem Symbol „Zurück" gelangen Sie wieder auf die Oberfläche.

Im Anzeigebereich Ihres Smartphones finden Sie die vorinstallierten Apps. Durch das Berühren einer App wird diese geöffnet.

Im unteren Bereich finden Sie die Navigationsleiste. Sie enthält standardmäßig drei Schaltflächen:

Startseite / Zurück:

Mit dieser Taste kehren Sie immer zum Startbildschirm zurück.

Zuletzt verwendet:

Die zuletzt verwendeten Apps werden angezeigt und können durch das kleine Symbol zum Schließen in der oberen rechte Ecke (x) endgültig geschlossen werden.

Zurück:

Kehrt zum vorherigen Bildschirm zurück. Bei Texteingabe wird die virtuelle Tastatur geschlossen.

Verwalten der Symbole auf dem Startbildschirm

Sie haben die Möglichkeit, die Bildsymbole im Anzeigebereich des Bildschirms zu verschieben. Berühren Sie dazu das entsprechende Symbol und halten den Finger zirka 2 Sekunden darauf fest. Jetzt können Sie das Symbol an eine andere Stelle des Bildschirms verschieben.

Um ein Symbol von der Oberfläche zu entfernen, halten Sie den Finger darauf. Jetzt wird in der Statusleiste ein Papierkorb eingeblendet und Sie ziehen das ausgewählte Symbol auf diesen Papierkorb. Dadurch verschwindet es von der Oberfläche.

Ausnahmen bilden Systemanwendungen, die Sie nicht vom Startbildschirm entfernen können. Anstatt des Mülleimers steht dann in der Benachrichtigungsleiste, dass Sie Systemanwendungen nicht löschen können. Das ist zum Beispiel bei den Symbolen „Telefon" und „Kontakte" der Fall.

Sie haben zusätzlich die Möglichkeit, neue Ordner einzurichten und Icons dorthin zu verschieben. Ziehen Sie zu diesem Zweck ein Bildsymbol auf ein anderes Symbol. Dadurch wird ein neuer Ordner erstellt, der beide Apps beinhaltet. Der neue Ordner erhält standardmäßig den Namen „Ordner 1".

Wenn Sie auf das neu angelegte Verzeichnis klicken, wird er geöffnet und Sie sehen die Apps, die dieser Ordner enthält. Um den Ordnernamen zu ändern, tippen Sie in den oberen Bereich des Ordners. Dir Bildschirmtastatur wird geöffnet, und Sie sollten einen eigenen Namen für diesen Ordner eintippen.

Durch das Berühren des „Plus-Symbols" können Sie diesem Ordner weitere Apps hinzufügen.

Sie möchten ein App aus einem Ordner entfernen? Auch das ist kein Problem. Durch das Ziehen eines Symbols aus dem Verzeichnis heraus wird diese App aus dem aktuellen Ordner entfernt und wieder auf der Oberfläche Ihres Gerätes dargestellt.

Wenn Sie das letzte Symbol aus dem Verzeichnis herausgezogen haben, wird der Ordner gelöscht.

Abb. 4 Eigene
Ordner anlegen und
verwalten

Mehrere Bildschirme

Die Oberfläche Ihres Smartphones besteht meistens aus mehreren Bildschirmen. Ziehen Sie die Oberfläche des Startbildschirms nach links oder rechts, um weitere Bildschirme zu sehen.

Zum Einrichten eines neuen Bildschirms ziehen Sie die Oberfläche mit zwei Fingern klein. Sobald Ihnen das gelungen ist, ziehen Sie die verkleinerte Darstellung mit gedrücktem Finger nach links oder rechts. Dann erscheint nach dem letzten Bildschirm eine leere Seite mit einem Pluszeichen. Sobald Sie dieses berühren, wird eine neue Bildschirmseite erzeugt, in der Sie die gewünschten Apps ziehen können.

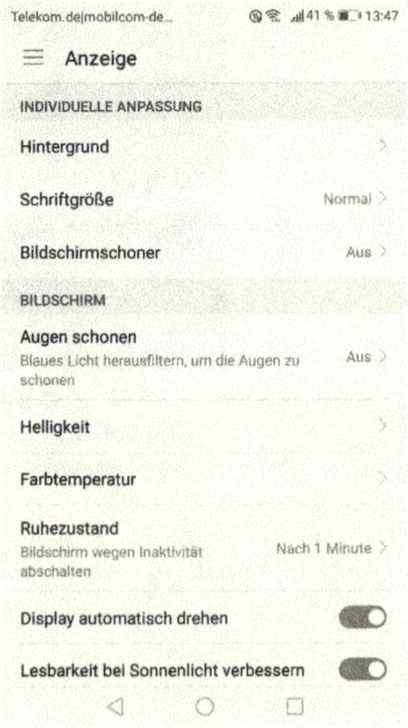

Abb. 5
Anzeigeeinstellungen

Einstellungen des Hintergrunds

Das Hintergrundbild wird bei der Inbetriebnahme vom Hersteller
    festgelegt. Sie haben aber die Möglichkeit, den Hintergrund
    aber nach Ihren persönlichen Wünschen anzupassen.
    Berühren Sie dazu die App mit dem Steuerrad. Daraufhin
    wird die App für die „Einstellungen" geöffnet.

Wählen Sie das Element „Anzeige" aus. Hier finden Sie im Bereich
    „Individuelle Anpassung" den Eintrag „Hintergrund".
    Berühren Sie diesen Eintrag. Aktivieren Sie im jetzt
    eingeblendeten Menü das Element „Bildquelle". Hier legen
    Sie fest, woher die Hintergrundbilder kommen sollen. Mit
    dem Eintrag „Intervall" stellen Sie ein, wie häufig die
    Hintergrunddarstellung wechseln soll. Zusätzlich haben Sie
    die Möglichkeit einzustellen, dass der Hintergrund des
    Startbildschirms sich zufällig ändert.

Abb. 6 : Einstellung des
Bildschirmhintergrunds

Nachdem Sie die Einstellungen für den Hintergrund

festgelegt haben, verlassen Sie das Menü mit Hilfe der Navigationsschaltfläche mit dem Kreis. Sie befinden sich anschließend wieder auf dem Startbildschirm.

Abb. 7 Mit dem Navigationssymbol „Kreis" gelangen Sie zurück auf den Startbildschirm.

Telefonieren

Ursprünglich sind Smartphones zum Telefonieren da. Und das
funktioniert natürlich auch. Zum Telefonieren befindet Sie die
Telefon App auf dem Display. Diese ist besonders im
Zusammenspiel mit den Kontakten interessant. Nähere
Informationen dazu erfahren Sie in dem entsprechenden
Kapitel.

Nach dem Öffnen der Telefon App wird ein Feld mit Ziffern
dargestellt, in das Sie die gewünschte Telefonnummer
eintippen. Nach dem Berühren des Telefonsymbols „Hörer
abnehmen" wird Ihr Telefongespräch aufgebaut. Zum
Beenden des Telefonats berühren Sie das Symbol zum
Auflegen.

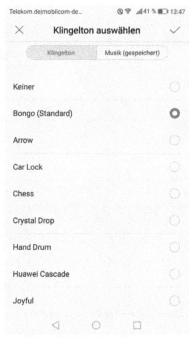

Abb. 8 Klingelton festlegen

Wenn Sie angerufen werden, macht Ihr Smartphone sich
bemerkbar. Das kann ein Klingelton, ein Musikstück aber
auch das Vibrieren Ihres Smartphones sein. Wie Ihr Telefon
bei einem Anruf reagieren soll, legen Sie in den
„Einstellungen" fest.

Aktivieren Sie für diese Konfiguration das Zahnradsymbol auf dem
Startbildschirm. Wählen Sie im jetzt einblendeten Menü den
Eintrag „Töne" aus. Danach berühren Sie den Menüpunkt
„Standard-Benachrichtigungston". Wählen Sie anschließend
einen Klingelton aus. Sie haben auch die Möglichkeit über
„Musik" ein Musikstück auszusuchen.

Falls Sie beim Berühren der Tasten auch gerne etwas hören wollen,
wählen Sie in den Einstellungen „Töne" aus und danach
„Wahltastentöne".

Zusätzlich finden Sie im Bereich „Töne" die Möglichkeit, Ihr Smartphone vibrieren zu lassen.

*Abb. 9 : Legen Sie
die Töne für Ihr
Smartphone fest.*

Annehmen oder Ablehnen eines Anrufs.

Ziehen Sie nach rechts, um den Anruf anzunehmen oder nach links, um den Anruf abzulehnen.

Tätigen eines Notrufs

In Deutschland muss eine aktivierte SIM-Karte im Mobiltelefon
eingelegt sein, damit ein Notruf abgesetzt werden kann.
Diese Regelung wurde im Jahr 2009 eingeführt. Damit
soll einem Missbrauch von Notrufen vorgebeugt
werden.
Öffnen Sie die Telefon-App und tippen Sie die Notrufnummer
für Ihren Standort im Tastenfeld ein.

Einfacher haben Sie es, wenn Sie den Notruf auf eine
Kurzwahl legen. Erstellen Sie dazu als erstes einen
Kontakt mit der Notrufnummer. Aktivieren Sie dann in
der Telefon App die drei Punkte für „Einstellungen".
Wählen Sie im Menü den Eintrag „Sonstiges" und dann
„Kurzwahl" aus. Legen Sie eine Zahl mit dem Befehl
„Hinzufügen" fest. Die App „Kontakte" wir geöffnet.
Wählen Sie jetzt den Kontakt für den Notruf aus.
Es gibt auch spezielle Notruf Apps. Die meisten sind
allerdings kostenpflichtig, bieten aber auch einige
Zusatzmöglichkeiten wie zum Beispiel die
Standortweitergabe und das Aufnehmen eines Fotos.

Abb. 10 Eine App
mit dem Play
Store downloaden

Diese Notfall-Apps sind in den Stores bei Android-Geräten zahlreich vertreten. Eine empfehlenswerte App (gratis) ist zum Beispiel „Mobile Lebensretter", die Sie über den „Google Play Store" erwerben können.

Diese App verfügt über zwei Schaltflächen. Die

Abb. 11 Mobile
Lebensretter im
Play Store

Hilfe-Schaltfläche betätigen Sie bei akuter
Lebensgefahr. Daraufhin wird nicht nur die
Notrufnummer gewählt, sondern zusätzlich weitere
App-Nutzer in der Umgebung alarmiert. Erhält ein
anderer Anwender den Notruf und nimmt ihn an, wird er
per GPS auf dem schnellsten Weg zum Hilfesuchender
geleitet. So sind nicht nur Ärzte oder Sanitäter, sondern
auch Ersthelfer flott vor Ort.

Für nicht lebensbedrohliche Situationen, in denen Sie sich in
Gefahr fühlen, ist die Angst/Gefahr-Schaltfläche
zuständig. Anders als bei der Notfall-Schaltfläche
können Sie hier vorher einstellen, welche Nummer
dann gewählt werden soll. Auch hier werden mögliche
Helfer in der Umgebung benachrichtigt. Außerdem
können Sie einen Warnton aktivieren, um besser auf
Sich aufmerksam zu machen.

Abb. 12 Mobile
Lebensretter App

Diese Anwendung ist ein karitatives Projekt und ist daher komplett kostenlos und frei von Werbung.

Online arbeiten mit dem Smartphone

Erstellen Sie nach Möglichkeit eine Verbindung mit dem Internet über das WLAN. Das ist die kostengünstigste Methode, um ins Netz zu kommen. Wenn kein WLAN angezeigt wird, berühren Sie das Symbol „Einstellungen". In dem jetzt eingeblendeten Menü berühren Sie den Befehl „WLAN". Es wird eine Liste aller verfügbaren WLAN Netze angezeigt. Wählen Sie das WLAN Netzwerk aus, zu dem Sie eine Verbindung herstellen wollen. Tippen Sie das benötigte Kennwort ein und berühren Sie dann „Verbinden".

Nicht immer steht Ihnen ein WLAN Netzwerk zur Verfügung. Dann können Sie Ihr Gerät über mobile Daten mit dem Internet verbinden. Stellen Sie **vor der Verwendung mobiler Daten** sicher, dass Sie einen Datentarif bei Ihrem Betreiber besitzen, um überhöhte Datennutzungsgebühren zu vermeiden. Um sich vor hohen Kosten zu schützen, sollten Sie einen Vertrag mit einer Flatrate für mobile Daten haben. Dann werden bis zum Ausschöpfen Ihres freien Datenvolumens keine weiteren Kosten erhoben. Wenn Sie das Datenvolumen überschreiten, wird die Netzgeschwindigkeit stark gedrosselt. Feinheiten finden Sie in dem Vertrag mit Ihrem Provider.

Größere Downloadaktionen sollten Sie besser über Ihre WLAN Verbindung vornehmen.

Abb. 13 WLAN im
Empfangsbereich

Zum Aktivieren der mobilen Daten ziehen Sie die Statusleiste nach unten und berühren dann das Symbol für mobile Daten. Auf den gleichen Weg können Sie diese auch wieder ausschalten.

Normalerweise erkennt das Smartphone, wenn Ihr WLAN aktiv ist, und nutzt es dann auch. Es wird nur auf die mobilen Daten umgeschaltet, wenn kein freigegebenes WLAN erreichbar ist.
Vorsichtshalber sollten Sie aber im WLAN Bereich die mobilen Daten ausschalten, da diese Funktion viel Akkuleistung verbraucht und die Umschaltung auf das WLAN nicht immer sichergestellt ist. Schalten Sie die mobilen Daten vorzugsweise bei Bedarf ein.

Konten anlegen

Bei dem Begriff „Konto anlegen" denken viele Anwender an ein
  Bankkonto und somit auch an Geld. Hier geht es allerdings
  darum, ein kostenloses Google Konto anzulegen. Durch das
  Erstellen dieses Kontos stehen Ihnen viele Google Dienste
  zur Verfügung. Da Google der Entwickler des Android
  Betriebssystems ist, werden Ihnen durch ein Google Konto
  viele zusätzliche Option angeboten.

Zum Anlegen eines Google Kontos müssen Sie mit dem Internet
  verbunden sein, idealerweise über Ihr WLAN. Dann kostet
  die Verbindung nichts und ist häufig auch wesentlich

Abb. 14 Google Konto anlegen

schneller als über die mobilen Daten.

Sie starten den Vorgang über die "Einstellungen" Ihres Smartphones. Dort wählen Sie den Eintrag „Konten" aus. Im nachfolgenden Menü berühren Sie den Eintrag „Konto hinzufügen".

Jetzt erscheint ein weiteres Menü, in dem Sie das Symbol „Google" auswählen. Berühren Sie den Eintrag „Ein neues Konto erstellen".

Tippen Sie in den folgenden Feldern Ihren Vor- und Nachnamen ein. Berühren Sie die Schaltfläche „Weiter". Jetzt tippen Sie einen Nutzernamen und ein Passwort ein. Diese Daten sollten Sie sich gut merken (oder aufschreiben). Mit besagten Informationen können Sie sich später für weitere Google-Dienste anmelden.

Weiter geht es mit der gleichnamigen Schaltfläche. Anschließend können Sie eine Telefonnummer zur Kontowiederherstellung hinterlegen, falls diese einmal verloren gegangen ist. Sie müssen diesen Eintrag aber nicht unbedingt vornehmen.

Stimmen Sie danach dem Punkt „Datenschutz und Bedingungen" zu und tippen Sie auf der folgenden Seite auf „Weiter". Nun können Sie noch angeben, ob Sie Angebote und Informationen zu den Google-Diensten erhalten möchten. Das ist Geschmackssache, entscheiden Sie selbst.

Wenn Sie nach einer Zahlungsmethode gefragt werden, wählen Sie den Eintrag „Später erinnern" aus. Es sei denn, Sie möchten einen kostenpflichtigen Dienst in Anspruch nehmen.

Jetzt ist Ihr Google-Konto eingerichtet und der Spaß kann beginnen.

Kontakte anlegen

Kontakte spielen eine wichtige Rolle, auch auf dem Smartphone.
Denn diese Liste dient als Telefonliste, über die Sie sehr
schnell Ihre Verbindungen finden und anrufen können.

Mit der App „Kontakte" öffnen Sie Ihre Kontaktliste. Am Anfang wird
sie erst einmal spartanisch aussehen, aber im Laufe der Zeit
wird die Kontaktliste erfahrungsgemäß immer länger.

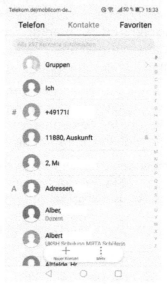

Abb. 15 Kontakte

Um manuell weitere Kontakte zu Ihrer Liste hinzuzufügen berühren
Sie das „Pluszeichen" im unteren Bereich der Maske.

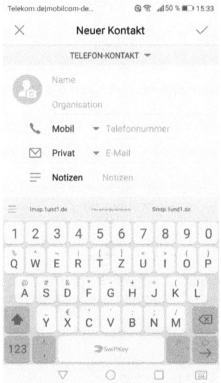

Abb. 16 Neuen Kontakt erfassen

Sie haben auch die Möglichkeit, Kontakte aus Ihren geführten
Telefonaten zu erzeugen. Aktivieren Sie dazu den Eintrag
„Telefon". Sie sehen dort, wer Sie angerufen hat. Berühren
Sie das „Infozeichen" neben der Anzeige eines erhaltenen
Anrufs. Wählen Sie im jetzt eingeblendeten Menü den
Eintrag „Neuer Kontakt" aus. Das Eingabeformular für neue
Kontakte wird geöffnet und Sie ergänzen dort die fehlenden
Angaben. Dann speichern Sie den neuen Kontakt über das
Häkchen im oberen Teil des Bildschirms ab.

Mit den drei senkrechten Punkten im unteren Teil des Bildschirms
gelangen Sie in ein weiteres Menü.

Neben den Einstellmöglichkeiten finden Sie auch einen Menüpunkt zum Importieren und Exportieren von Kontakten. Falls Sie schon auf einem externen Medium Kontakte gespeichert haben, können Sie die gespeicherten Kontakte über diesen Menüpunkt importieren.

Ihr bisheriges Kontaktprogramm hat bestimmt an irgendeiner Stelle einen Befehl zum Exportieren. Wählen Sie für den Export den Eintrag „vcf" aus. Falls dieses Format nicht zur Verfügung steht, wählen Sie „csv" aus, das funktioniert in den meisten Fällen problemlos.

Wenn Sie schon Kontakte in „Google-Mail" haben, können Sie diese über „GMAIL" im Internet exportieren. Hier ein Beispiel:

Sie öffnen Ihr „GMAIL" Konto. Klicken Sie dann auf den Auswahlpfeil rechts vom Eintrag „GMAILI". Im aufgeklappten Untermenü wählen Sie den Befehl „Kontakte" aus. Daraufhin werden Ihre Kontakte geöffnet. Öffnen Sie auf der linken Fensterseite den Eintrag „Mehr" und klicken Sie dann auf den Eintrag „Exportieren".

Viele Hersteller bieten auch Tools an, mit denen Sie Kontakte und Kalendereinträge aus anderen Programmen, wie zum Beispiel MS-Outlook, direkt auf Ihr Smartphone übertragen können. Mehr dazu im Kapitel „Smartphone am PC".

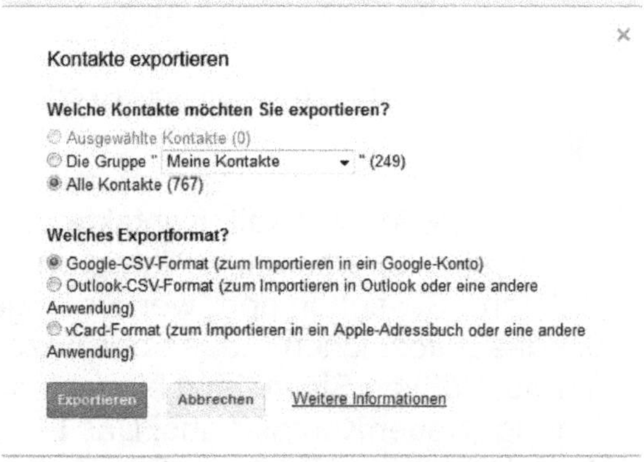

Abb. 17 : Export von Kontakten aus dem Programm „GMAIL".

Kalender

Eine weitere wichtige App ist die Kalender Anwendung. Typischerweise wird der Google-Kalender genutzt. Öffnen Sie den Kalender durch das Berühren des Kalendersymbols. Sie können sich die Darstellung als Tages-, Wochen-, Monats- und Termindarstellung anzeigen lassen. Durch das Berühren des Pluszeichens fügen Sie einen neuen Termin hinzu.

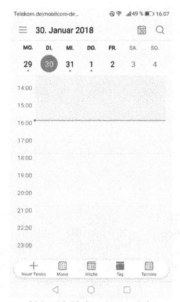

Abb. 18 Kalenderansicht

Im Eingabefenster haben Sie die Möglichkeit, unterschiedliche
Informationen zu erfassen. Dazu gehört der Titel, der Ort, er
Beginn und das Ende Ihres Termins.

Abb. 19 Neuen
Termin erfassen

Durch das Berühren des Eintrags „Mehr" haben Sie mit dem Befehl
„Wiederholen" die Möglichkeit, einen Serientermin
anzulegen. Wenn Sie zum Beispiel jeden Montag einen
festen Termin haben und diesen nicht immer wieder manuell
eingeben möchten, wählen Sie den Befehl „Wiederholen"
aus und berühren dann den Eintrag „Wöchentlich".

Für die Synchronisierung mit anderen Kalendern gibt es
Zusatzprogramme, die zum Teil kostenpflichtig sind.

*Abb. 20 Serientermine
erfassen*

E-Mail und Co

Eine unverzichtbare Anwendung auf dem Smartphone is
die E-Mail App.

Damit Sie diese App zum Laufen bekommen, müssen Sie
zunächst Ihr E-Mail Konto einrichten. Berühren Sie
dazu in den "Einstellungen" den Befehl „Konten"
„Konto hinzufügen". Es wird eine Liste von E-Mai
Providern eingeblendet. Wählen Sie aus der Liste Ihrer
Provider aus. Sollte dieser nicht aufgelistet sein
berühren Sie den Befehl „E-Mail". In dem Folgefenste
geben Sie Ihre E-Mail-Adresse und das dazugehörige
Passwort ein.

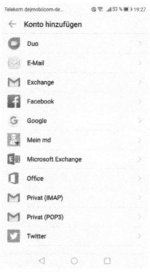

Abb. 21 Auswahl von
E-Mail Konten

Die anschließenden Einstellungen sind vom Provide
abhängig. Die nötigen Daten finden Sie in Ihrer

Unterlagen oder im Internet unter der Adresse Ihres Anbieters (T-Online, 1&1 ...). Im Idealfall werden alle weiteren Einstellungen automatisch übernommen. In Einzelfällen ist allerdings eine manuelle Konfiguration nötig.

Mit einem Fingertipp auf "Weiter" wird die Kommunikation zwischen Ihrem Mobilgerät und den Servern Ihres Mail-Providers eingerichtet und die Mails abgerufen.

Abb. 22 E-Mail Daten erfassen

E-Mail versenden:

Berühren Sie die E-Mail Anwendung. Zum Schreiben einer neuen E-Mail wählen Sie dort das Plus-Symbol oder das Schreibsymbols aus.

Tippen Sie die E-Mail-Adresse des gewünschten Empfängers ein. Geben Sie anschließend den Betreff Ihrer E-Mail ein. Schreiben Sie dann den Text Ihrer E-Mail.

Wenn Sie einen Anhang, wie zum Beispiel ein Dokument, an Ihre Nachricht anfügen wollen, wählen Sie das Büroklammer-Symbol aus.

Sobald Sie Ihre Nachricht fertiggestellt haben, berühren Sie das Senden-Symbol.

E-Mails empfangen:

*Abb. 23 Eine neue
E-Mail erstellen*

Berühren Sie das Symbol „E-Mail".

Wischen Sie mit dem Finger auf dem Bildschirm einmal kurz von oben nach unten. Dadurch werden Ihre E-Mails aktualisiert.

Aktivieren Sie durch das Berühren die gewünschte E-Mail. Daraufhin wird diese Nachricht geöffnet und Sie können den Inhalt der Nachricht lesen.

E-Mail löschen:

Aktivieren Sie die E-Mail App.

Wählen Sie anschließend die zu löschende E-Mail aus.

Berühren Sie dann das Papierkorb-Symbol, um die E-Mail zu löschen.

SMS einrichten:

Bei „SMS" (Short Message Service) handelt es sich um einen Kurznachrichtendienst. Damit haben Sie die Möglichkeit, kostenlose Textnachrichten zu versenden. Die SMS App wird durch das Symbol mit der „Sprechblase" dargestellt. Doch bevor Sie SMS erstellen, prüfen Sie die korrekten Einstellungen auf Ihrem Smartphone:

SMS-Zentrale prüfen:

Aktivieren Sie Ihre SMS Anwendung. Wählen Sie dann den Eintrag „Mehr" aus. Berühren Sie den Befehl „Einstellungen". Aktivieren Sie dann den Befehl „Erweitert". Wählen Sie die „SMS-Dienst Nummer" aus. Standardmäßig ist die Dienstnummer Ihres Providers bereits hinterlegt.

Falls das nicht der Fall sein sollte, wenden Sie sich an Ihren Dienstanbieter, der Ihnen diese Nummer dann mitteilt. Wählen Sie abschließend das Bestätigungssymbol in der oberen rechten Ecke des Bildschirms.

SMS verschicken:

Abb. 24 Eine SMS erstellen

Wählen Sie die SMS Anwendung und aktivieren Sie dann
das Plus-Symbol für eine neue SMS Nachricht. Geben
Sie in das jetzt eingeblendete Feld die Rufnummer des
Empfängers ein. Mit einem Klick auf das Kontaktsymbol
werden Ihre Kontakte eingeblendet und Sie können aus
dieser Auswahl eine Nummer übernehmen. Schreiben
Sie dann den Text Ihrer SMS. Wählen Sie das
Pfeil-Symbol zum Versenden Ihrer SMS.

SMS empfangen:

Wählen Sie auf der Startleiste das Symbol mit der
    Sprechblase. Daraufhin werden alle empfangenen
    Nachrichten auf dem Bildschirm angezeigt. Zum Lesen
    einer SMS Mitteilung berühren Sie diese.

SMS löschen:

Wählen Sie auf der Startleiste das Symbol für
    „SMS-Nachrichten". Halten Sie die gewünschte SMS
    Mitteilung kurz gedrückt. Berühren Sie dann das
    Papierkorb-Symbol. Dadurch wird die Nachricht
    gelöscht.

Ab ins Internet

Sobald Sie über das WLAN mit dem Internet verbunden sind, steht dem Surfen im World Wide Web nichts im Wege. Da es sich bei Ihrem Smartphone um das Android Betriebssystem handelt, ist der Standardbrowser „Chrome" vorinstalliert. Durch das Berühren dieser App landen Sie im Internet Browser und können über die Suchleiste zu Ihren Lieblingsseiten surfen.

Sie haben auch die Möglichkeit, andere Browser für das Internet zu installieren. Sehr beliebt ist der „Firefox" Browser. Sie finden die entsprechenden Apps im App

Abb. 25 Der Chrome
Browser zur Darstellung von
Internet Seiten

Store Ihres Smartphones.

Anwendungen, die beliebtesten Apps

Bei der Vielzahl an Apps, die für Ihr Smartphone angeboten wird, ist es schwierig, Empfehlungen für bestimmte Anwendungen zu geben. Stöbern Sie selbst mal im App Store und staunen Sie, was dort alles angeboten wird.

Achten Sie vor der Installation unbedingt darauf, ob eine App kostenpflichtig ist oder nicht.

Einige Apps sind **zunächst** kostenfrei, bieten aber nur eingeschränkte Möglichkeiten. Wenn Sie mehr Funktionen benötigen, müssen Sie doch Geld dafür ausgeben. Eine andere Variante bietet Ihnen zwar eine kostenlose App an, nervt dann allerdings mit Werbungen. Wenn Sie diese los sein möchten, müssen Sie die App doch kaufen.

Achten Sie zusätzlich darauf, welche Berechtigungen die App benötigt. Wenn Ihnen die die geforderten Befugnisse nicht zusagen, verzichten Sie lieber auf die Anwendung.

Sie haben auch die Möglichkeit, die benötigten Berechtigungen zunächst zu akzeptieren. Nach der Installation entziehen Sie der App dann die Berechtigungen wieder.

Einige Apps, die Sie haben sollten:

Zum Navigieren bietet sich ein Navigationsprogramm an.

Die aktuelle Wettervorhersage kann auch nicht schaden.

Abb. 26 Beispiel
E-Book Reader

Bücher lassen sich hervorragend mit dem Smartphone lesen.

WhatsApp -> Dabei handelt es sich um einen Messenger, der unter dem Gesichtspunkt Datensicherheit allerdings mit Vorsicht zu betrachten ist, da diese App viele Daten sammelt.

Google Maps (Kartendienst)

Musikplayer: VLC for Android

Abb. 27 Beispiel VLC
für Android
Abb. 28

Starten Sie die App „Play Store". Akzeptieren Sie die
Nutzungsbedingungen. Im daraufhin eingeblendeten Fenster tippen
Sie den Begriff ein, nach dem Sie suchen. Oder berühren Sie das
Mikrofonsymbol und sprechen Sie den Suchbegriff.

Eine Liste von Apps, die mit Ihrem Suchwort übereinstimmen, wird
eingeblendet. Wählen Sie die gewünschte App aus. Lesen Sie sich
die Bedingungen vor der Installation genau durch. Achten Sie
darauf, ob die ausgewählte App kostenpflichtig ist.

Abb. 30 Play
Store
Abb. 31

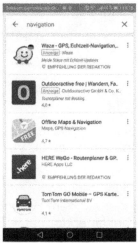

Abb. 29 Eine
Anwendung
auswählen

Fotografieren

Eine beliebte Funktion ist das Fotografieren mit dem Smartphone. Mittlerweile haben Smartphones eine so ausgezeichnete Auflösung, dass Sie Digitalkameras in nichts mehr nachstehen. Und ein Foto mit dem Smartphone ist schnell erstellt. Sie berühren die Kamera App, und jetzt kann es losgehen. Nehmen Sie das Objekt Ihrer Begierde in den Focus. Wenn das Objekt klar dargestellt wird, betätigen Sie den Auslöser. Schon haben Sie das erste Foto geschossen.

Der Auslöser für eine Aufnahme ist typischerweise durch das Berühren des Bildschirms möglich. Es kann aber, modellabhängig, auch durch das Drücken des Lautstärkereglers ausgelöst werden.

Neben dieser standardmäßig eingestellten Vollautomatik bieten viele Smartphonemodelle Möglichkeiten zu manuellen Einstellungen. Welche das im Einzelnen sind, ist vom Modell zu Modell unterschiedlich.

Die Einstellmöglichkeiten Ihrer Foto-App werden angezeigt, wenn

Abb. 32 : Ein Foto aufnehmen

Sie auf dem Bildschirm, der jetzt als „Bildsucher" dient, nach links oder rechts streichen.

Im unteren Bereich des Bildsuchers können Sie, falls Ihr Modell das erlaubt, von Fotoaufnahmen zu Videoaufnahmen und wieder zurück wechseln.

Sie vergrößern oder verkleinern den Fotobereich durch das Spreizen der Finger auf dem Bildsucher. Das entspricht der Zoom-Funktion bei einer normalen Kamera. Bei starkem Zoom kann die Bildqualität allerdings nachlassen.

Zum Ansehen Ihrer Aufnahmen berühren Sie im unteren Teil des Bildsuchers das Miniaturbild. Dann werden Ihnen die

Abb. 33 Foto bearbeiten 2

aufgenommenen Fotos und Videos angezeigt.

Um bei deaktivierter Kamera Ihre Bilder betrachten und bearbeiten zu können, berühren Sie die App „Galerie". Hier finden Sie standardmäßig den Ordner „Alben" mit dem Unterordner „Kamera". Berühren Sie den Fotoordner, um alle Bilder zu sehen.

Durch das Antippen einer Fotografie wird diese geöffnet. Im unteren Menüteil finden Sie Symbole zum Bearbeiten und zum Löschen der angezeigten Aufnahme. Zum Vergrößern der Aufnahme spreizen Sie auf dem Bildschirm zwei Finger. Zum Verkleinern des Fotos ziehen Sie zwei Finger zusammen.

Im Bearbeitungsmodus der Fotos (berühren des Stifts in der Vollbildansicht des Bildes) haben Sie, wieder abhängig vom Gerät, die Möglichkeit, Teile der Aufnahme zuzuschneiden und Farbfilter zu

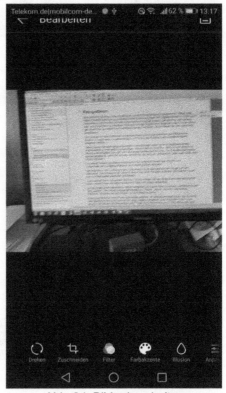

Abb. 34 Bilder bearbeiten

setzen.

Häufig ist es komfortabler, Fotos am PC als am relativ kleinen Display des Smartphones zu bearbeiten. Exportieren Sie dazu die Bilder auf Ihren PC. Am einfachsten funktioniert das mit dem USB-Kabel. Üblicherweise befindet sich ein Programm zum Exportieren von Fotos bei dem Smartphone.

Musik und Video

Ihr Smartphone kann problemlos einen MP3 Player ersetzen. Im Zubehör eines neuen Smartphones befindet sich häufig bereits ein Ohrhörer. Dieser hat aber erfahrungsgemäß keine gute Qualität. Wenn Sie sich etwas Gutes gönnen wollen, besorgen Sie sich einen qualitativ hochwertigen Ohrhörer oder Kopfhörer.

Zum Anhören Ihrer Musik berühren Sie die App „Musik".

Abb. 35 Die App
„Meine Musik"

Sie können dann die auf Ihrem Gerät gespeicherte Musik wiedergeben. Sie haben zusätzlich die Möglichkeit, Ihrem persönlichen Songbuch einen Musiktitel hinzuzufügen, Ihrer persönlichen Wiedergabeliste einen Musiktitel hinzuzufügen oder sich zuletzt wiedergegebene Musiktitel anzuhören.

Ihre Musik kann sich auf Ihrem internen Speicher als auch auf einer weiteren Speicherkarte befinden. Berühren Sie zur Auswahl das Symbol „Lieder". Von dieser Position aus können

Abb. 36 Musik-
auswahl

Sie Ihre Lieblingslieder suchen.

Abb. 37 Alternativer
Player

Eine gute Alternative zur Wiedergabe von Musik ist der VLC-Player. Die Anwendung dazu laden Sie kostenlos im App-Play Center.

Texte eingeben

Sobald Sie in einer Anwendung auf ein Feld stoßen, dass eine Texteingabe benötigt, wird die Bildschirmtastatur Ihres Smartphones eingeschaltet.

Abb. 38 Tastatur am Beispiel eines Kalendereintrags.

Durch das Berühren der Buchstaben, Zahlen und Symbole werden diese in das Textfeld eingetragen. Achten Sie bei der Eingabe von Texten auf das Vorschaufenster, das oberhalb der Tastatur eingeblendet wird. Hier finden Sie Vorschläge zu der Eingabe der ersten Zeichen. Häufig wird das passende Wort vorgeschlagen und

Abb. 39 Nach der Eingabe der ersten Zeichen werden Vorschläge für eventuell in Frage kommende Begriffe eingeblendet.

Sie können es auswählen. Das erspart Ihnen manuelle Einträge.

Mit den Tastensymbolen neben der Tastatur schalten Sie zwischen Groß- und Kleinschreibung um. Zusätzlich finden Sie hier Symbole zum Wechseln der Zeichen und Schriftzeichen, zum Beispiel für

*Abb. 40 Sie
können die
Anzeige der
Tasten
umschalten.*

Sonderzeichen.

*Abb. 41 Es
stehen mehrere
Tastenbelegung
en zur
Verfügung.*

Zwei Apps gleichzeitig öffnen

Smartphones ab der Version 7.0 beherrschen die Kunst des Multitaskings. Durch diese Technik lassen sich bei Bedarf zwei Apps gleichzeitig auf dem Display anzeigen. Dabei wird der Bildschirm in zwei Areale aufgeteilt.

Wenn Sie zum Beispiel Inhalte eines Bereichs in ein anderes Fenster schieben möchten, ist das diese Technik sehr hilfreich.

Um das Teilen des Bildschirms für zwei Apps auszuprobieren, öffnen Sie zunächst mindesten zwei Apps. Drücken Sie dann auf die Menütaste unten rechts.

Jetzt werden alle zuletzt verwendeten Apps angezeigt.

Abb. 42 Die geöffneten
Apps werden angezeigt.

Die gewünschte App ziehen Sie mit dem Finger nach oben. Die gewählte App füllt jetzt den oberen Bildschirmbereich aus. Anschließend bewegen Sie eine weitere App nach oben, und schon teilen sich beide Apps den Bildschirm.

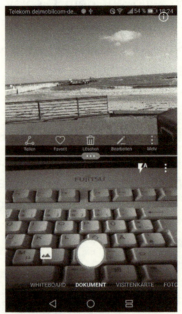

Abb. 43 Apps teilen sich den Bildschirm.

Damit eine App wieder formatfüllend auf dem Bildschirm angezeigt wird, ziehen Sie den Trennbalken in der Mitte ganz hoch beziehungsweise runter.

Bei einigen Apps ist die Bildschirmteilung nicht möglich. Sobald Sie versuchen, eine solche App in den oberen Bildschirmbereich zu ziehen, wird Ihnen das in einem Fenster mitgeteilt.

Smartphone am PC

Sie verbinden Ihr Smartphone idealerweise über das mitgelieferte USB-Kabel mit Ihrem PC. Dann werden die Speicherkarten Ihres PCs sowie weitere Laufwerke angezeigt und Sie können entsprechend Daten vom Smartphone zum PC schicken und umgekehrt.

Beliebt ist das Kopieren von Bildern vom Smartphone auf den PC.

Abb. 44 Durch das Verbinden Ihres Smartphones mit dem PC haben Sie die Möglichkeit, Daten zu kopieren.

Wenn Sie Ihre Bilder im Verzeichnis Ihres Smartphones suchen, befinden diese sich erstaunlicherweise häufig nicht im Order „Pictures" sondern im Ordner „DICM".

Probieren Sie die einzelnen Verzeichnisse durch und lassen sich überraschen, was Sie dort alles finden. Die Daten lassen sich mit den gängigen Kopier- und Einfügeoptionen vom Smartphone auf den PC bringen.

Markieren Sie zunächst die Datei, die Sie kopieren wollen. Klicken Sie dann auf die rechte Maustaste und wählen Sie im daraufhin eingeblendeten Kontextmenü den Befehl „Kopieren" aus. Wählen Sie dann den gewünschten Ordner auf Ihrem PC-Laufwerk aus, aktivieren dort die rechte Maustaste und klicken im Kontextmenü auf den Befehl „Einfügen".

Falls Sie lieber mit der Tastatur arbeiten: „Strg-C" kopiert eine markierte Datei, „Strg-V" fügt die Datei ein.

Viele Herstellern legen auch ein Programm bei, mit dem Sie Ihre Daten komfortabel austauschen können. Falls das nicht der Fall sein sollte, sehen Sie über das Internet nach, ob der Hersteller Ihres

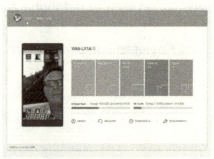

Abb. 45 Beispiel des Programms
„HiSuite" von Huawai

Smartphones einen Download für ein solches Programm anbietet.

Zu diesen Programmen gehört neben dem komfortablen Kopieren von Bildern auch der Austausch von Kontakten und Kalendereinträgen. Die Möglichkeiten dieser Programme variieren

Abb. 46 Komfortables kopieren von Bildern mit einem Zusatzprogramm

je nach Hersteller.

Abb. 47 Synchronisieren von Kalenderdaten mit dem Programm HiSuite

Schützen Sie Ihr Smartphone

Da Sie mit dem Smartphone auch in das Internet kommen, müssen Sie es vor Viren, Trojanern und anderen Gefahren schützen. Sonst werden Ihre Daten ausspioniert. Neben Bankdaten und Kennwörtern werden auch sehr gerne Ihre Kontaktdaten ausgelesen. Lassen Sie das nicht zu. Benutzen Sie einen Virenscanner, damit Ihr Smartphone geschützt ist.

Die gute Nachricht: Auf vielen Geräten ist bereits ein Virenschutz vorinstalliert. Falls nicht, oder wenn Ihnen das vorhandene Virenschutzprogramm nicht gefällt, laden Sie sich ein anderes Virenschutzprogramm aus dem App Shop „Play Store".

Ob ein Virenprogramm installiert ist, erfahren Sie in den „Einstellungen" der Datensicherheit. Tippen Sie dazu auf den Befeh

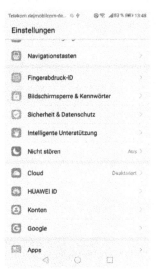

Abb. 48 Aktivieren Sie
in den Einstellungen
den Befehl „Sicherheit
und Datenschutz".

„Sicherheit und Datenschutz".

Im Folgemenü aktivieren Sie den Befehl „Virenscanner". Jetzt prüft der installierte Virenscanner Ihr Smartphone und zeigt das Ergebnis

Abb. 49 Das Ergebnis der Virenprüfung sollte „Sicher" sein.

an.

Falls auf Ihrem Smartphone kein Antivirenprogramm installiert ist oder wenn Ihnen das implementierte Programm nicht gefällt, laden Sie eine andere Anwendung. Viele dieser Applikationen sind aber kostenpflichtig. Sehen Sie sich die Programme vor der Installation genau an. Lesen Sie auch die Testberichte dazu, andere Anwender haben bestimmt schon Erfahrung damit gemacht.

Beliebte und gute Antivirenprogramme sind zum Beispiel:

Ahnlab

Alibaba

Avast

AVG

Avira

Bitdefender

G Data

Kasperky Lab

McAffee

Abb. 50 Beispiel
Antivirenprogramm
Avira aus dem Play
Store.

Die Auflistung ist nur ein kleiner Auszug an Antivirenprogrammen.

Neben einem guten Programm zur Abwehr von Viren können Sie auch selbst einiges für die Sicherheit Ihres Smartphones tun. Schalten Sie nach Möglichkeit alle Dienste aus, die Sie aktuell nicht benötigen. Das sind zum Beispiel:

Bluetooth

Bewegungsprofile

Standortbestimmung

Berechtigungen

Achten Sie auch auf die Berechtigungen Ihrer Apps. Apps sammeln Daten und erstellen Persönlichkeitsprofile. Bei der Installation von Apps müssen Sie häufig Berechtigungen zustimmen, die Sie gar nicht vergeben wollen. Zum Aktivieren der App müssen Sie den Berechtigungen aber erst einmal zustimmen. Erfreulicherweise können Sie viele dieser Berechtigung der App anschließend wider entziehen.

Also: Berechtigungen prüfen und eventuell ausschalten!

Zur Prüfung von Berechtigungen wählen Sie auf Ihrem Smartphone die „Einstellungen". Tippen Sie dort auf den Befehl „Berechtigungen". Die von Ihren Apps verlangten

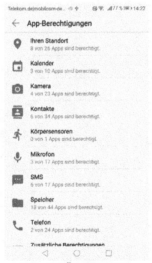

Abb. 51 Übersicht der
Berechtigungen

Berechtigungen werden angezeigt.

Wählen Sie nacheinander alle Berechtigungseinträge aus und legen Sie fest, welche App eine Berechtigung erhalten soll.

Nach dieser Arbeit ist Ihr Smartphone optimal geschützt.

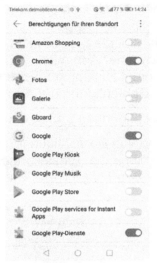

Abb. 52 Legen Sie für jede App fest, ob Sie eine Berechtigung zulassen oder nicht.

Diebstahlschutz

Leider werden Smartphones gerne gestohlen. Sie sollten in einem solchen Fall die Polizei einschalten. Diese wird Sie nach einer so genannten IMEi Nummer fragen.

Die „International Mobile Station Equipment Identity" ist eine eindeutige 15-stellige Seriennummer, anhand derer Ihr Smartphone weltweit identifiziert werden kann. Daher schreiben Sie diese Nummer auf.

Sie erfahren die Kennziffer, indem Sie als Telefonnummer den Code:

*#06#

eintippen.

Dann wird Ihnen der IMEI Code angezeigt. Falls Sie mit einem Dual-Smartphone arbeiten (kann zwei SIM-Karten enthalten) werden Ihnen auch zwei IMEI Nummern angezeigt. Sie sollten sich dann beide Codes notieren.

Ihr verlorenes Smartphone wiederfinden

Nicht immer ist ein Smartphone gestohlen, schnell ist es auch mal verlegt oder irgendwo vergessen. Durch die Verwendung eines Google-Kontos haben Sie Zugriff auf den Webdienst: *Android-Gerätemanager*.

Dieser ist hilfreich, wenn Sie Ihr Handy verlegt haben.

Die Anwendung bietet Ihnen folgende unterstützende Möglichkeiten:

• aus der Ferne klingeln lassen,

• sperren

• löschen

• zurücksetzen

Ihr Smartphone muss dazu noch eingeschaltet und mit dem

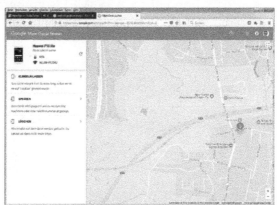

Abb. 53 Der Android-Gerätemanager hilft Ihnen bei der Suche nach Ihrem Smartphone.

Internet verbunden sein.

Der Nutzen von Widgets

Widgets sind kleine Fenster, die Funktionen einer App anzeigen, ohne die App komplett zu öffnen. Damit bekommen Sie wichtige Informationen auf Ihrem Smartphone angezeigt. Bei diesen Auskünften kann es sich zum Beispiel um die neuesten Nachrichten, das aktuelle Wetter und andere für Sie nützliche Informationen handeln.

Ob Sie Widgets nutzen möchten, müssen Sie selbst entscheiden. Probieren Sie es doch einfach mal aus.

Um ein Widget zu erstellen, tippen Sie eine freie Stelle auf Ihren Bildschirm und halten Sie den Finger gedrückt. Dann erscheint ein neues Menü. Berühren Sie in dem Menü den

Abb. 54 Durch das Drücken Ihres Fingers auf eine freie Stelle des Bildschirms wird die Funktion zum Erstellen eines Widgets eingeblendet.

Befehl „Widgets".

Alle verfügbaren Widgets werden angezeigt. Halten Sie das gewünschte Widget gedrückt und ziehen Sie es dann auf den

*Abb. 55 Ziehen Sie
das gewünschte
Widget auf Ihren
Bildschirm.*

Bildschirm.

Jetzt wird das Widget auf Ihren Bildschirm angezeigt und kann genutzt werden. Zum Entfernen eines Widgets halten Sie den Finger darauf gedrückt und schieben es dann auf den oberen Bildschirmrand.

Data Roaming aktivieren

Wenn Sie sich im Ausland befinden, und dort mit dem Smartphone erreichbar sein wollen, müssen Sie vorher den Roaming Service aktiviert haben. Meistens ist dieser Service schon freigeschaltet, erkundigen Sie sich aber vorsichtshalber bei Ihrem Provider. In europäischen Ländern können Sie mittlerweile recht günstig Ferngespräche führen.

Wenn Sie im Ausland in das Internet möchten, sollten Sie bereits in Deutschland eine entsprechende Option hinzubuchen. Die Preise hierzu sind recht unterschiedlich, erkundigen Sie sich bei Ihren Betreiber zu den Kosten.

Um im Ausland ein Gespräch zu führen, öffnen Sie die Telefon App. Berühren und halten Sie auf dem Tastenfeld-Bildschirm die Taste **0**, um ein „**+**-Symbol" einzugeben. Tippen Sie dann die Ländervorwahl, die Vorwahl und die Telefonnummer ein. Wenn Sie über Ihre Kontakte ein Telefonat aufbauen wollen, öffnen Sie die App **Kontakte**. Wählen Sie anschließend den Kontakt aus, den Sie anrufen möchten, und berühren Sie dann die Nummer des Kontakts.

So teuer kann Ihr Smartphone werden

Es gibt unterschiedliche Vertragsarten für Smartphones. Hier müssen Sie selbst entscheiden, welche Vertragsart die Beste für Sie ist.

PREPAID (Guthabenkarte)

> Bei dieser Vertragsart haben Sie die volle Kostenkontrolle. Wenn Ihr vorbezahltes Guthaben abgelaufen ist, können Sie nicht mehr telefonieren. Sie müssen Ihre Karte dann wieder aufladen.

Vertrag (Rechnung)

> Im Vertrag sind Inklusivleistungen hinterlegt, die je nach Anbieter variieren.

> Die Kostenkontrolle ist schwer, da die Abbuchung erst am Monatsende vorgenommen wird.

> Viele Anbieter zeigen auf Ihrer Internetseite die aktuell aufgelaufenen Kosten an. Dazu müssen Sie sich auf der Website Ihres Providers anmelden.

Flatrate

> Wird entweder in Ihrem Vertrag angeboten oder kann als Zusatzleistung hinzugebucht werden. Eine Flatrate kann für Telefonie und zusätzlich für die mobile Datennutzung gebucht werden.

> Mobile Datennutzung ohne Flatrate verursacht hohe Kosten. Flatrates bieten ein bestimmtes Datenvolumen, bei Überschreitung dieses Datenvolumens wird die Geschwindigkeit gedrosselt oder die Internetverbindung unterbrochen.

Vorsicht ist bei diesen Servicenummern geboten:

0900:

Wird gerne als Betrugsmasche genommen. Wenn Sie angeblich etwas gewonnen haben, sollen Sie diese Nummer anrufen, um

Ihren Gewinn zu sichern. Lassen Sie das lieber bleiben, denn Sie erhalten wahrscheinlich nichts, außer einer hohen Telefonrechnung für den Anruf auf dieser Servicenummer.

0137:

Wird gerne benutzt für Umfragen oder Abstimmungen aus Radio und Fernsehen. Jeder Anruf auf dieser Nummer kostet Sie extra Geld.

01180..:

Hinter diesen Rufnummern verbergen sich verschiedenartige Auskunftsdienste. Es gibt keine Preisbindung für diesen Service. Beachten Sie unbedingt die Preisansage.

Gefahren, die vom Smartphone ausgehen

So viele Vorteile Ihr Smartphone auch bietet, es birgt auch einige Gefahren. Denken Sie daran, dass Smartphone auch mal ruhen zu lassen. Sonst lauern jede Menge Risiken im Straßenverkehr. Beim Autofahren sollte, wenn Sie keine Freisprecheinrichtung haben, telefonieren tabu sein. Selbst mit einer Freisprecheinrichtung lenker Gespräche vom Straßenverkehr ab. Schalten Sie es lieber aus.

Auch beim Spaziergehen sollten Sie eher auf die Straße als auf Ihr Smartphone achten.

In öffentlichen Verkehrsmitteln ist die Benutzung eines Smartphones ein No Go. Schalten Sie vorzugsweise Ihren Anrufbeantworter ein, da kann Ihnen jeder eine Mitteilung drauf hinterlassen. Auch Ihre E-Mails, WhatsApp und was da noch so rumfleucht, müssen nicht andauernd gecheckt werden.

Ein weiterer Punkt, der gerne totgeschwiegen wird, ist die Strahlung. Sie wollen Ihr Ohr doch nicht rösten lassen? Ohne auf die unterschiedlichen Abhandlungen über die Schädigung des Gehirns einzugehen, denken Sie daran, das Smartphone sendet Strahlung aus.

Ich empfehle Ihnen, Ihr Smartphone maßvoll einzusetzen. Dann nerven Sie weder sich selbst noch Ihre Mitmenschen.

Wo Sie eine ausführliche Bedienungsanleitung finden

Einige Smartphones haben die Bedienungsanleitung direkt im Gerät integriert. Sie finden auf jeden Fall im Internet eine Gebrauchsanleitung für Ihr Gerät. Googeln Sie nach der genauen Marke Ihres Smartphones und tippen Sie als zusätzlichen Begriff „Bedienungseinleitung" ein. Hier ein Beispiel für das Huawei P10 Lite:

„huawei p10 lite bedienungsanleitung"

Abb. 56 :
Bedienungsanleitung per
Google im Internet suchen

Sie tippen also die genaue Marke Ihres Smartphones ein und suchen danach im Internet. Häufig sind die Anleitungen als PDF-Datei hinterlegt, so dass Sie diese direkt auf Ihren Bildschirm lesen können. Alternativ drucken Sie sich dieses Dokument aus.

Wichtige Fingergesten

Der Bildschirm Ihres Smartphones ist berührungsempfindlich. Je nach Art der Berührung werden unterschiedliche Aktionen ausgeführt.

Berühren: Die berührte Funktion wird ausgeführt (zum Beispiel das Öffnen einer App.)

Doppelt tippen: Ausführen bestimmter Funktionen wie zum Beispiel fotografieren.

Berühren und halten: Verschieben oder löschen einer App, erzeugen weiterer Bildschirmseiten.

Streichen: Bewegen einer App, Verschieben des Bildschirms, Aufrufen von Sonderfunktionen.

Zwei Finger ziehen: Vergrößern oder verkleinern der Ansicht auf dem Bildschirm, zum Beispiel bei Fotos oder Internetseiten.

Bluetooth

Bei „Bluetooth" handelt es sich um eine Funktechnik, die vielseitig einsetzbar ist und der drahtlosen Datenübertragung dient. Bluetooth eignet sich besonders gut, um Geräte auf kurzer Distanz ohne Kabel miteinander zu verbinden.

Auch Smartphones verfügen über diese Funktechnik, um zum Beispiel Daten von einem Smartphone auf ein anderes Gerät zu übertragen. Sie ersparen sich dadurch das Verbinden über ein Kabel.

Damit kein Schindluder mit Ihren Daten getrieben werden kann, sollten Sie Bluetooth nur bei Bedarf einschalten. Aktivieren Sie dazu das Steuerrad (Einstellungen). Wählen Sie den Eintrag „Bluetooth" (eventuell unter dem Menüpunkt „Drahtlos & Netzwerke" verborgen). Schalten Sie an dieser Stelle die Bluetoothfunktion ein.

Daraufhin wird nach allen verfügbaren Geräten in der Nähe gesucht. An diesen Gerätschaften muss Bluetooth auch aktiviert sein. Stellen Sie also sicher, dass das Gerät, mit dem Sie die Kopplung vornehmen möchten, sichtbar ist.

Wählen Sie das Gerät aus, das angeschlossen werden soll, und befolgen Sie die Anweisungen auf dem Bildschirm.

Denken Sie daran, die Kopplung wieder aufzuheben, wenn diese nicht mehr benötigt wird. Navigieren Sie dazu zu den Einstellungen. Berühren Sie das Symbol neben dem angezeigten Gerätenamen und wählen Sie den Befehl „Verbindung Beenden" aus.

Schlusswort

Ich hoffe, Ihnen hat dieses Büchlein gefallen und Sie kommen jetzt besser mit Ihrem Smartphone zurecht.

Falls Sie Fragen oder Anregungen haben, dürfen Sie mich gerne kontaktieren:

peter.schnoor@ps-beratung.de

Sie finden weitere Tipps und Tricks auf meiner Website:

www.ps-beratung.de

Zusätzlich finden Sie mich auf Facebook und Twitter:

Facebook: www.facebook.com/PS.EDV.Beratung.Kiel

Twitter: www.twitter.com/peterschnoor

Eine kleine Auswahl weiterer Bücher vom Autor auf Amazon:

https://www.amazon.de/Peter-Schnoor/e/B00458J09A

Stichwortverzeichnis:

www.ingramcontent.com/pod-product-compliance
Lightning Source LLC
LaVergne TN
LVHW042124070326
832902LV00036B/876